YO-BYZ-212

Pueblos indígenas de

LA COSTA NOROESTE

Por Janey Levy

Traducido por Esther Sarfatti

Gareth Stevens
PUBLISHING

Please visit our website, www.garethstevens.com. For a free color catalog of all our high-quality books, call toll free 1-800-542-2595 or fax 1-877-542-2596.

Cataloging-in-Publication Data

Names: Levy, Janey, author.
Title: Pueblos indígenas de la costa Noroeste / Janey Levy, translated by Esther Safratti.
Description: New York : Gareth Stevens Publishing, 2017. | Series: Pueblos indígenas de Norte América | Includes index.
Identifiers: ISBN 9781482452501 (pbk.) | ISBN 9781482452525 (library bound) | ISBN 9781482452518 (6 pack)
Subjects: LCSH: Indians of North America–Northwest Coast of North
  America–History–Juvenile literature.
Classification: LCC E78.N78 L48 2017 | DDC 978.004/97–dc23

First Edition

Published in 2017 by
Gareth Stevens Publishing
111 East 14th Street, Suite 349
New York, NY 10003

Copyright © 2017 Gareth Stevens Publishing

Designer: Samantha DeMartin
Editor: Kristen Nelson
Translator: Esther Safratti

Photo credits: Series art AlexTanya/Shutterstock.com; cover, p. 1 Three Lions/Hulton Archive/Getty Images; p. 5 (main) Jarred Decker/Shutterstock.com; p. 5 (map) AlexCovarrubias/Wikimedia Commons; pp. 7, 13 Werner Forman/Universal Images Group/Getty Images; p. 9 (both) courtesy of the Library of Congress; pp. 11, 17 (left inset) Wolfgang Kaehler/LightRocket/Getty Images; pp. 15, 19 Marilyn Angel Wynn/Nativestock/Getty Images; p. 17 (right inset) Chris Cheadle/All Canada Photos/Getty Images; p. 17 (main) oksana.perkins/Shutterstock.com; p. 21 Rebecca E. Marvil/Photolibrary/Getty Images; p. 23 Jeff Schultz/Design Pics/First Light/Getty Images; p. 25 (main) Bill Peters/Denver Post/Getty Images; p. 25 (inset) courtesy of The Metropolitan Museum of Art; p. 27 akphotoc/Shutterstock.com.

Printed in the United States of America

CPSIA compliance information: Batch #CS16GS: For further information contact Gareth Stevens, New York, New York at 1-800-542-2595.

CONTENIDO

Las palabras del glosario se muestran en **negrita** la primera vez que aparecen en el texto.

La costa noroeste de
ESTADOS UNIDOS

La costa noroeste corre a lo largo de la orilla del Pacífico de Norteamérica, desde Alaska hasta el norte de California, pasando por British Columbia en Canadá y los estados de Washington y Oregón en Estados Unidos.

El terreno se levanta abruptamente desde la costa para formar montañas cubiertas de bosques de cedros y pinos. Al estar tan al norte, en esta zona nunca hace demasiado calor, y una corriente del océano Pacífico trae aire cálido, por lo que tampoco llega a hacer demasiado frío. Estas condiciones favorables atrajeron a los primeros pobladores que llegaron hace unos 11,000 años atrás.

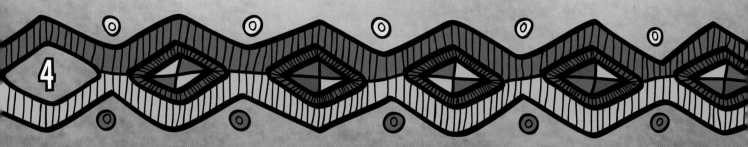

= Lugar donde vivían los pueblos indígenas de la costa noroeste.

Groenlandia

Canadá

Estados Unidos

México

La costa del Noroeste abarca una zona que mide unas 1,500 millas (2,414 km) de largo, aunque es muy estrecha. En su punto más ancho, ¡apenas mide unas 50 millas (80 km)!

¿Quieres saber más?

La costa del Noroeste es muy lluviosa. ¡En algunas zonas caen más de 13 pies (4 m) de lluvia al año!

5

Sociedades de pesca, recolección e INTERCAMBIO

Los **antepasados** de los pueblos indígenas de la costa del Noroeste dieron con un lugar que era muy rico en **recursos naturales**. Con el tiempo, crearon más de 50 sociedades que tenían muchas cosas en común.

Los pueblos de la costa del Noroeste pescaban y atrapaban **mamíferos** marinos, como ballenas, focas y nutrias marinas. En los bosques, recolectaban plantas silvestres y a veces cazaban animales, como ciervos y alces. También hacían intercambios entre ellos y con gente de lugares lejanos. De esta manera, introducían nuevos productos en su comunidad y mejoraban su modo de vida.

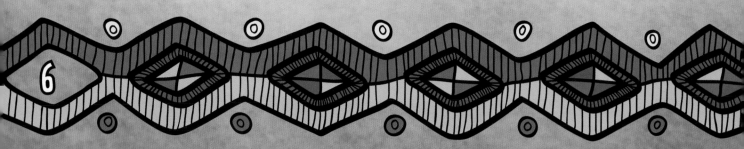

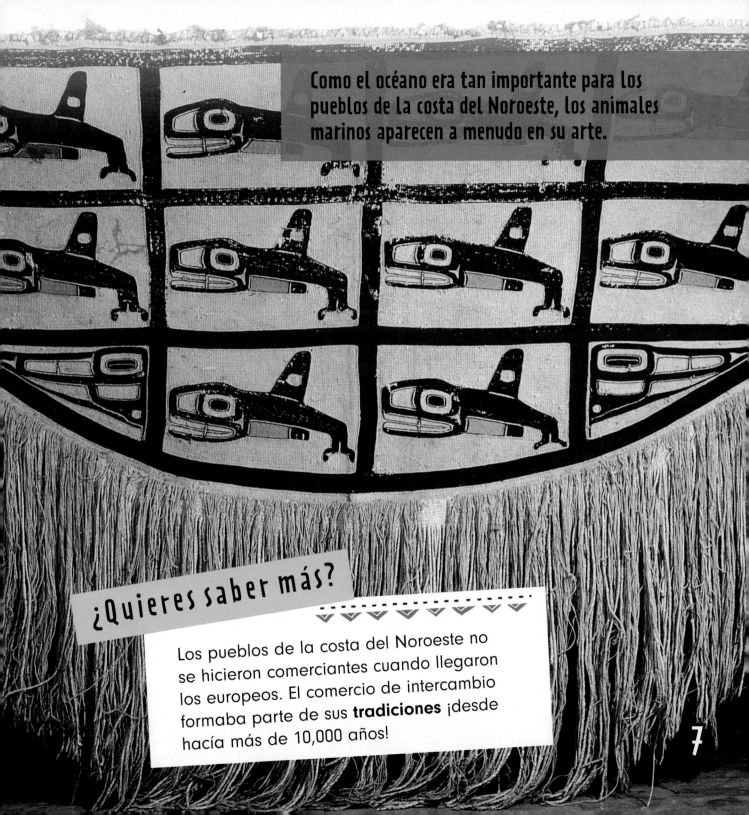

Como el océano era tan importante para los pueblos de la costa del Noroeste, los animales marinos aparecen a menudo en su arte.

¿Quieres saber más?

Los pueblos de la costa del Noroeste no se hicieron comerciantes cuando llegaron los europeos. El comercio de intercambio formaba parte de sus **tradiciones** ¡desde hacía más de 10,000 años!

Trabajos de hombre, trabajos de
MUJER

Entre los pueblos indígenas de la costa del Noroeste, algunos trabajos eran de hombres, otros de mujeres y otros los hacían ambos. Los hombres pescaban y cazaban, iban a la guerra cuando era necesario y podían ejercer de jefes. Las mujeres recolectaban plantas y se encargaban casi siempre del cuidado de los niños y de la cocina. Tanto hombres como mujeres contaban cuentos, creaban arte y música y ayudaban a curar a los enfermos.

No obstante, había una forma en la que las mujeres podían llegar a ser líderes. Las sociedades de la costa del Noroeste tenían un sistema de **clanes**. Y las mujeres podían ser líderes de un clan.

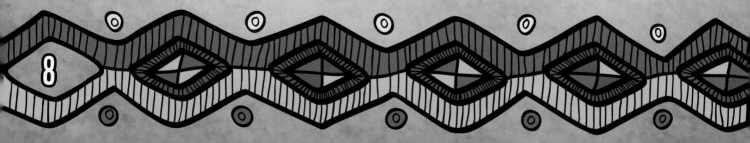

Las sociedades de la costa del Noroeste tenían clases sociales. La mujer de esta foto era la hija de un jefe, y la ropa que lleva refleja su importancia. Los aretes y los adornos de su sombrero fueron hechos de la concha de un animal marino que solo podía llevar la gente de alto rango.

¿Quieres saber más?

Los niños siempre pertenecían al mismo clan que su madre.

9

Aldeas y CASAS

Para la gente de la costa noroeste, su casa principal era la de la aldea de invierno. Las aldeas se encotraban en la costa del Pacífico o a lo largo de la ribera de un río o un lago. Durante la época de calor, la gente se separaba en grupos pequeños y se iban a otros lugares a pescar o a recolectar bayas. Cuando el tiempo empezaba a enfriar, regresaban a su aldeas de invierno.

Sus casas eran edificaciones grandes rectangulares hechas de tablones, o tablas gruesas, de cedro. Varias familias del mismo clan vivían en una casa.

Normalmente la parte delantera de la casa se pintaba con imágenes de criaturas **míticas**.

¿Quieres saber más?

Los tablones de las casas encajaban en una estructura sólida y **permanente**. Se podían quitar y llevar a otro lugar cuando la gente se mudaba.

El mundo de los ESPÍRITUS

Los pueblos de la costa del Noroeste creían que los rodeaba un mundo de espíritus. Cada persona tenía su propio **espíritu guardián**, el cual le daba una habilidad, como hacer cestas, pescar, o en algunos casos, le concedía el conocimiento necesario para ser chamán.

El salmón, un alimento importante para los pueblos de la costa del Noroeste, se consideraba un ser mágico. Una vez al año, esto seres se convertían en peces y nadaban contra la corriente para que pudieran atraparlos. Si la gente los trataba con respeto, volverían año tras año.

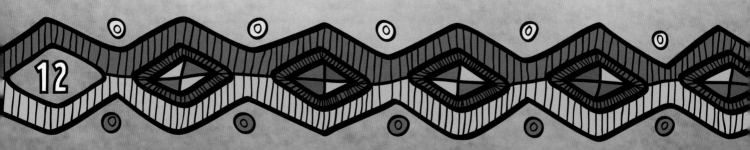

Un chamán era un hombre o una mujer que podía comunicarse con el mundo de los espíritus y tenía la habilidad tanto de curar como de hacer daño a la gente.

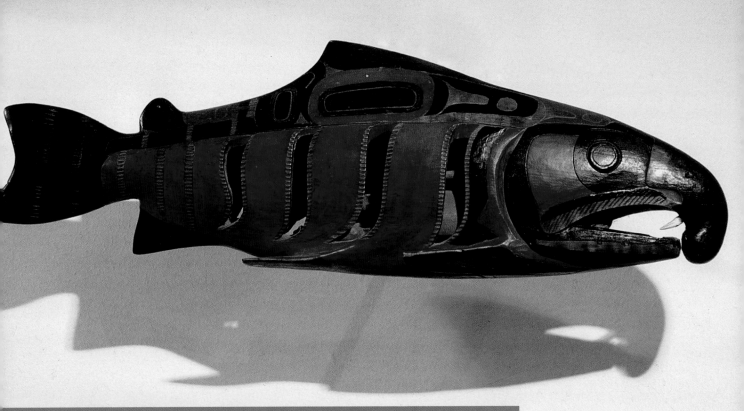

Dada la importancia del salmón en la cultura de estos pueblos, su imagen se representaba en muchas obras de arte, como en esta sonaja que se muestra aquí.

13

La ceremonia del POTLATCH

La **ceremonia** del *potlatch* era una costumbre particular de las sociedades de la costa del Noroeste. La palabra "*potlatch*" viene de un término que se usaba en esa zona para el comercio, y significa "dar". La ceremonia del *potlatch* se llevaba a cabo para conmemorar eventos de importancia social, como bodas, nacimientos, muertes, o la construcción de una vivienda.

Una ceremonia *potlatch* podía durar hasta tres semanas; durante ese tiempo la gente comía, bebía, cantaba y bailaba. Además, la familia que lo organizaba debía ofrecer regalos a los invitados. Esto era muy importante, ya que cuanto más regalaba la familia, más honra recibía.

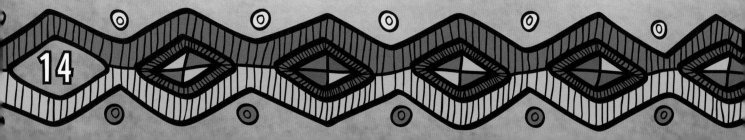

Entre 1884 y 1951, el gobierno canadiense prohibió esta celebración, pero ahora se practica nuevamente.

¿Quieres saber más?

Planear y organizar un *potlatch* era una tarea que podía durar varios años.

Postes de tótem y máscaras
CEREMONIALES

Los pueblos de la costa del Noroeste se han hecho famosos por sus postes de tótem y sus máscaras ceremoniales. Tallaban los troncos de los cedros para crear unos postes de tótem altísimos que podían tener forma humana o de animales. Había diferentes tipos: algunos se colocaban en la parte delantera de la casa y muchas veces servían de puerta. Otros estaban dentro de la casa y servían para sostener el techo. Otros se erguían separadamente para honrar a algún jefe muerto.

Las máscaras talladas en madera eran una parte importante de todas las ceremonias, incluyendo la del *potlatch*. Las máscaras de cobre eran señal de riqueza.

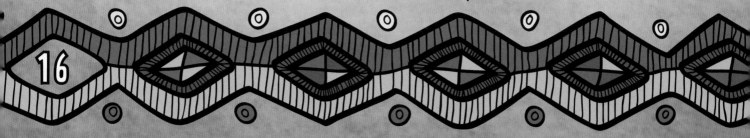

Este tótem puede observarse en Bight State Historical Park, en Ketchikan, Alaska.

¿Quieres saber más?

Los postes de tótem se pintaban normalmente de negro, rojo y azul, a veces con blanco y amarillo.

Los tlingit o "PUEBLO"

Los tlingit están entre los pueblos más conocidos de la costa del Noroeste. Su nombre viene de la palabra que utilizan ellos para llamarse a sí mismos, que significa "pueblo".

Los tlingit eran conocidos por sus mantas *chilkat*, las cuales eran tan valoradas que solo los más ricos podían permitirse el lujo de tenerlas. Las mantas se hacían de lana de cabra montesa y corteza de cedro. Los hombres creaban el diseño y conseguían las pieles de cabra para la lana. Las mujeres recogían la corteza de cedro, tejían la lana y hacían las mantas.

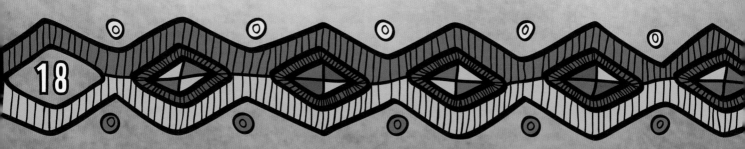

En ceremonias especiales, los bailarines usaban mantas *chilkat*, costumbre que practican hasta el día de hoy.

¿Quieres saber más?

Podía tomar hasta un año hacer una manta *chilkat*.

El pueblo de Haida GWAII

Otro de los pueblos conocidos de la costa del Noroeste es el de los haidas. Según sus relatos antiguos, llegaron hace mucho tiempo a lo que hoy es el sudeste de Alaska desde unas islas llamadas Haida Gwaii. Estas islas, llamadas hasta hace poco Islas Queen Charlotte, recibieron el nombre oficial de Islas Haida Gwaii en el 2010, en reconocimiento a la historia del pueblo Haida.

Los haidas son especialmente conocidos por su destreza a la hora de construir cayucos. Todos los pueblos de la costa del Noroeste hacían **cayucos**, pero los haidas eran considerados los mejores constructores de cayucos.

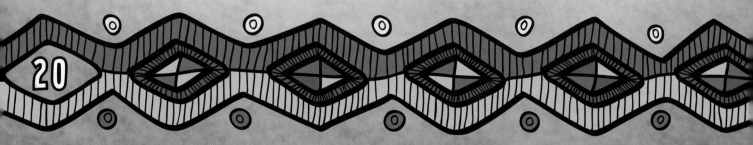

Esta es una copia moderna de un cayuco grande diseñado para viajar en mar abierto.

¿Quieres saber más?

Diferentes tipos de canoas o cayucos eran necesarios según la navegación, y también dependía del uso que se les iba a dar: ya fuera para guerras, cazar ballenas, el comercio o para transportar alimento o viviendas.

El pueblo del río
SKEENA

El pueblo tsimshian también es muy conocido. Su nombre significa "pueblo del río Skeena". Se llaman así porque vivían a orillas de los ríos Skeena y Nass en lo que hoy en día es British Columbia, Canadá.

El pueblo tsimshian hizo fortuna al controlar el comercio del aceite de eulachon o pez candela. Las mujeres tenían un método especial para sacar el aceite **nutritivo** que contiene este pescado. Para hacerlo, ¡dejaban que se pudriera durante varias semanas y luego lo hervían!

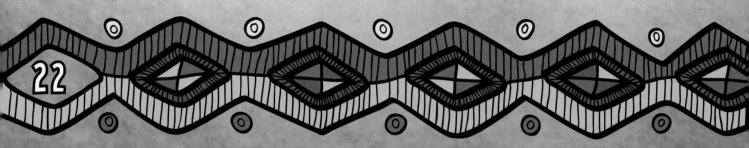

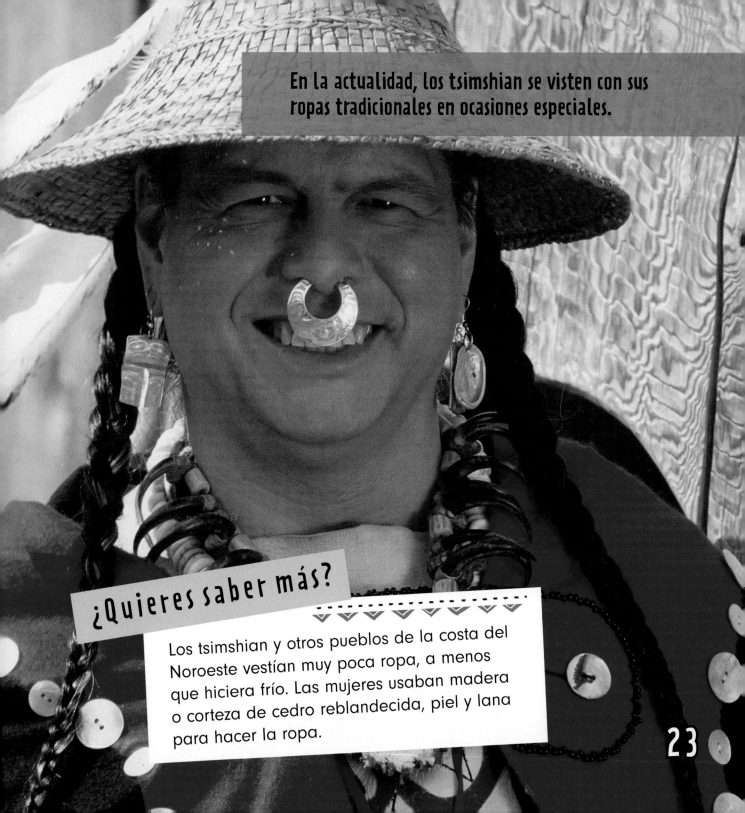

En la actualidad, los tsimshian se visten con sus ropas tradicionales en ocasiones especiales.

¿Quieres saber más?

Los tsimshian y otros pueblos de la costa del Noroeste vestían muy poca ropa, a menos que hiciera frío. Las mujeres usaban madera o corteza de cedro reblandecida, piel y lana para hacer la ropa.

23

Los hablantes de la lengua
KWAK'WALA

A lo largo de la costa de British Columbia y la isla de Vancouver vivía gente indígena que hablaba una lengua llamada kwak'wala. Hoy en día se les suele llamar kwakiutl, pero se llamaban a sí mismos kwakwaka'wakw, que significa "hablantes de la lengua kwak'wala".

Su sociedad estaba ordenada por rangos que se basaban principalmente en los derechos heredados de sus padres. Muchos de estos derechos tenían que ver con las ceremonias kwakwaka'wakw, que eran una parte importante de la vida. Entre estos derechos, es posible que estuviera el derecho de cantar ciertas canciones o llevar ciertas máscaras.

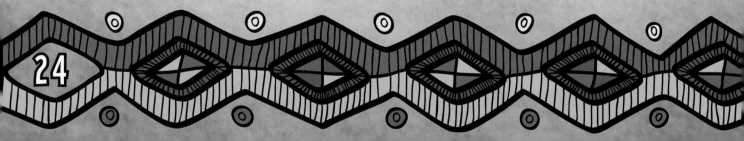

Las máscaras eran aún más apreciadas si pasaban de una generación a otra.

¿Quieres saber más?

El pueblo kwakwaka'wakw es posiblemente el más conocido de la costa del Noroeste, aunque la población no indígena probablemente esté más familiarizada con el nombre "kwakiutl".

Los hablantes de salish de la
COSTA

El término "salish de la costa" tiene que ver con un grupo de lenguas y se usa para referirse a los pueblos de la costa del Noroeste que hablaban estas lenguas. Los salish de la costa vivieron en el suroeste de lo que hoy es British Columbia en Canadá y en el estado de Washington en Estados Unidos durante unos 11,000 años.

Igual que otros pueblos de la costa del Noroeste, los salish de la costa mostraban su respeto por los bienes que la tierra les daba a través de ceremonias especiales. Estas ceremonias tenían lugar, por ejemplo, en el momento de pescar el primer salmón o de recoger las primeras bayas.

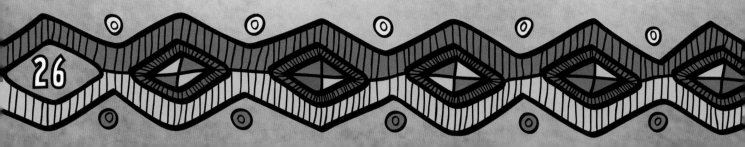

Los salish de la costa usan los tótems para honrar a sus antepasados y el mundo de los espíritus.

¿Quieres saber más?

Los salish de la costa llamaban al cedro rojo el "árbol de la vida" porque les proporcionaba los materiales básicos para hacer canoas, casas, ropa, herramientas y cestas.

27

Los pueblos indígenas de la costa del Noroeste HOY DÍA

Después del contacto con los europeos a finales del siglo XVIII, la vida de los pueblos indígenas de la costa del Noroeste se volvió más difícil. Las enfermedades traídas de Europa causaron la muerte a un gran número de la población indígena. Los europeos ocuparon las tierras de los indígenas y forzaron a sus hijos a asistir a escuelas lejanas y abandonar sus tradiciones y su lengua.

Hoy en día, las cosas han mejorado. La población indígena de la costa del Noroeste ha superado las 100,000 personas. Las ceremonias, como el *potlatch*, se vuelven a celebrar. Y los indígenas están obligando a los gobiernos a reconocer el derecho a sus tierras y a su estilo de vida.

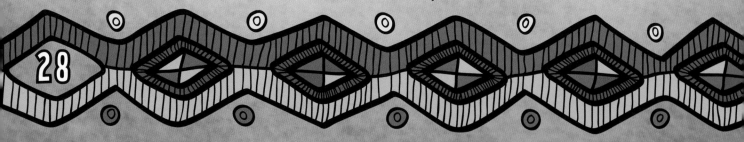

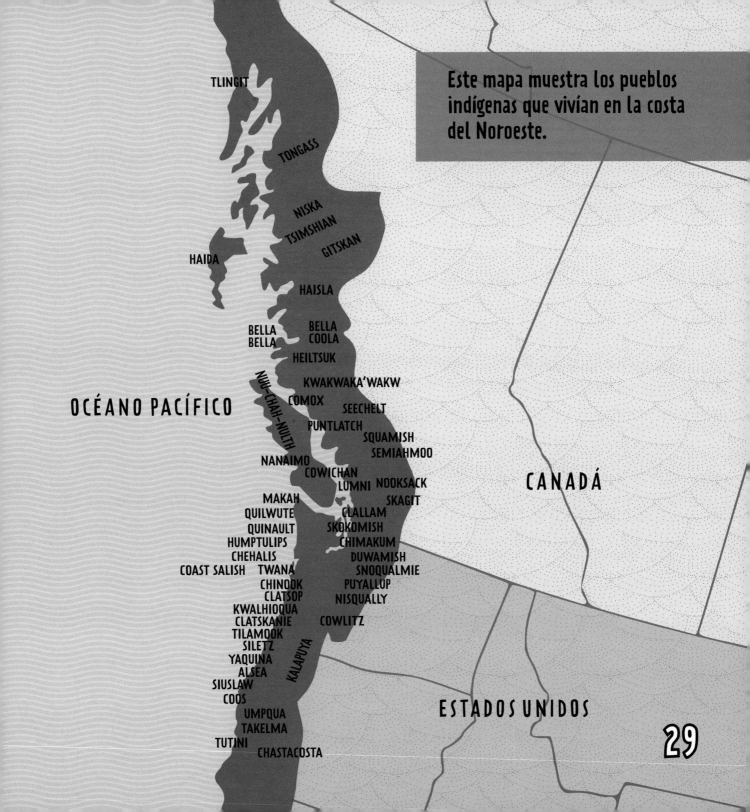

Este mapa muestra los pueblos indígenas que vivían en la costa del Noroeste.

TLINGIT

TONGASS

NISKA

TSIMSHIAN

GITSKAN

HAIDA

HAISLA

BELLA COOLA

BELLA BELLA

HEILTSUK

KWAKWAKA'WAKW

NUU-CHAH-NULTH

COMOX

SEECHELT

PUNTLATCH

SQUAMISH

SEMIAHMOO

NANAIMO

COWICHAN

LUMNI

NOOKSACK

SKAGIT

MAKAH

CLALLAM

QUILWUTE

SKOKOMISH

QUINAULT

CHIMAKUM

HUMPTULIPS

DUWAMISH

CHEHALIS

COAST SALISH

TWANA

SNOQUALMIE

CHINOOK

PUYALLUP

CLATSOP

NISQUALLY

KWALHIOQUA

CLATSKANIE

COWLITZ

TILAMOOK

SILETZ

KALAPUYA

YAQUINA

ALSEA

SIUSLAW

COOS

UMPQUA

TAKELMA

TUTINI

CHASTACOSTA

OCÉANO PACÍFICO

CANADÁ

ESTADOS UNIDOS

29

GLOSARIO

antepasado: miembro de la familia del cual uno desciende.

cayuco: embarcación larga y estrecha, más pequeña que la canoa, que se hace al cavar el tronco de un árbol grande.

ceremonia: un evento que honra o celebra algo.

clan: un grupo de familias que están conectadas entre sí.

espíritu guardián: un espíritu que se cree que cuida a una persona en particular.

mamífero: animal de sangre caliente que tiene columna vertebral y pelo, respira aire y alimenta a sus crías con leche.

mítico: algo que es como una historia o un cuento.

nutritivo: que contiene sustancias que se necesitan para crecer y mantenerse vivo.

permanente: algo que dura mucho tiempo.

recurso natural: un bien que da la naturaleza y que la gente puede utilizar.

tradición: una costumbre que se practica desde hace mucho tiempo.

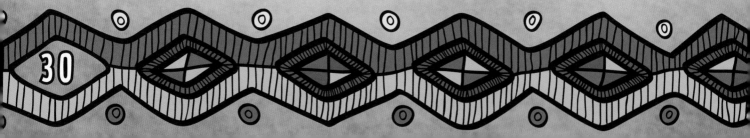

Para más INFORMACIÓN

Libros

Simpson, Caroll. *The First Beaver*. Custer, WA: Heritage House, 2008.

Sonneborn, Liz. *Northwest Coast Indians*. Chicago, IL: Heinemann Library, 2012.

Sitios de Internet

Hall of Northwest Coast Indians

www.amnh.org/exhibitions/permanent-exhibitions/human-origins-and-cultural-halls/hall-of-northwest-coast-indians

Haz una visita virtual del salón y aprende acerca de los pueblos indígenas de la costa del Noroeste a través de las obras que crearon.

Northwest Coastal People

firstpeoplesofcanada.com/fp_groups/fp_nwc5.html

Este sitio web utiliza fotos y textos para explorar las historias de muchos de los pueblos indígenas de la costa noroeste de Canadá.

ÍNDICE